古籍善本再造
珍稀古籍叢刊

康熙萬壽盛典圖

〔清〕宋駿業　繪

文物出版社

據首都圖書館藏康熙年间內府刻本影印原書版框高二十二·八釐米寬十六·九釐米

北闕層城峻西宮複道懸乘輿歷萬戶置
酒望三川花柳含丹日山河入綺筵欲知
陪賞處空外有飛煙

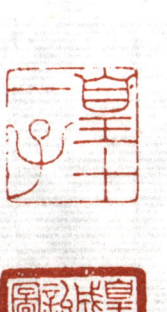

萬壽盛典初集卷第四十

慶祝一 圖畫一

康熙五十二年三月十八日
皇上六旬正誕天下臣民赴京慶祝者以億萬計
時
上方幸霸州水圍臣民擬自
暢春園至
神武門輦道所經數十里内結綵張燈雜陳百
戲迎

駕登殿受朝賀既
上自霸州回鑾經營業有成規止之不可始
允臣民之請於十七日由
暢春園奉
皇太后還宫
上御凉步輦設鹵簿大駕
皇子皇孫二十五人扶輦不施警蹕令臣民咸
得仰瞻
天顔頒賜克食數千席於道左耆老夾道歡呼

萬歲越日直省臣民咸以幸生盛世恭逢
天子萬年慶祝之隆古所未有願得繪圖垂之奕
禩兵部右侍郎臣宋駿業具摺代請
上可之卽付臣駿業經始至五月初三日續
命戶部左侍郎臣王原祁總理繪事爲圖二卷五
十四年十月二十六日復
命詹事臣王奕清藏其事焉
四月初一日兵部右侍郎加一級臣宋駿業
謹

奏爲普天同慶萬姓騰歡恭請繪圖以昭
盛典事竊臣世受
國恩欣逢
聖代伏覩我
皇上六十大慶之辰四海詠歌萬方趨赴雲屯巷
祝雷動嵩呼皆本孺赤之誠以報生成之德
此開闢之所未聞唐虞之所莫紀者也恭惟
我
皇上備天地清寧之氣膺

萬壽盛典初集　卷四十

祖宗亶厚之基無逸作所宵旰憂勤者數十年如一
日視民如傷扶持保抱者遍天下如一人幅
員及於無外悅服逮於要荒仁育義正浹於
肌膚過化存神捷於桴鼓此熙皞之民所由
輸誠愛戴而不能自已也時維三月節屆暄
妍萬物皆春和風微扇外由馳道内至宮城
於二十里之中聚千百國之衆袂踵駢闐歌
謠雜沓帷幙夾路笙璈沸天於時
鑾旂徐動禁蹕無聲

玉輦遙臨
天顏有喜更施曠典
特賜大酺番番父老共含哺於勾陳穰穰黎民咸
近光於咫尺聲騰列肆慶溢九逵雖華祝之
微忱實
天心之感動臣粗知繪事久被
鴻恩向承
命畫南巡圖幸
賜觀覽今忻際昌期臣民同心欲踵斯盛謹將都

城內外經棚黃幕萬姓擎花獻果之誠遮
輦迎
鑾之盛共五十餘處彙寫全圖敬呈
御覽伏祈
皇上俯允臣請許臣私寓次第加工造成墨本以
付剞劂昭示遐邇共識昇平從茲十年一舉
例寫
萬壽長圖將見玉軸初開千百國之葵衷若揭球
圖竝永億萬年之福祚無疆矣其圖稿卽帶

冷枚等畫成進
覽先此具摺不勝踴躍懽忭待
命之至謹
奏
閏五月初三日戶部左侍郎臣王原祁謹
奏五月初三日
養心殿監造趙昌等傳
旨發下兵部右侍郎臣宋駿業所畫
萬壽圖稿

萬壽圖詩

奏

命之至意

賞效力具俱不勝圖繪之榮

命之至意

圖遵照萬年之形其圖繪得帶

萬壽身圖繪臣王臻恭開千百圖以繕寫花卉翎毛

回寫

於恃團照示圖共燦長平敬十年一舉

皇上歷大寅科小寅大策吏工書以工筆成墨本又

謹賀力於

賞之益共五十餘幅彙寫全圖繕呈

華壯

恭進

知內於經歷黃幕萬敷華於應果小裝圖

命臣繪畫欽惟
萬壽聖節中外臣民詣
闕恭祝者不可勝計而巷舞塗歌遠邇衢謠華
祝皆我
皇上功德同天
恩膏匝地輿情歡悅踴躍爭先荷蒙
軫懷黎老
頒賜大酺
天駕徐行

特許億萬臣民瞻仰
殊恩曠典眞屬開闢以來所未有允宜繪圖紀盛
昭示無窮臣欽遵
諭旨隨卽率同臣冷枚幷更選工畫人物界畫者
就私寓繪畫臣粗習山水未諳界畫人物然
畫理實是相同臣宋駿業所鈎之稿止有一
半其半尚未鈎出臣細閱已鈎稿中其長短
疎密尚未有盡善處就臣愚識斟酌指示另
爲鈎稿其未鈎者亦爲續鈎稿本初定未免

粗率不敢
進呈
御覽現在再鈎細稿約至九月後可成俟稿成時
恭呈
御覽
奏請
聖訓裁定理合先行
奏
聞奉
旨王原祁所奏甚是
十二月二十六日戶部左侍郎臣王原祁謹
奏臣於康熙五十二年五月奉
旨繪畫
萬壽長圖臣細閱前所鈎圖稿止有城外一半自
西直門至景山一路尚未鈎出粗定稿本不
無疎密參差之處應加改補具摺啟奏奉
旨王原祁所奏甚是欽此臣隨率同冷枚等在臣
私寓就宋駿業所鈎未完之稿細加斟酌竝

城中各處鈎畫完全恭呈
御覽欽惟我
皇上聖德神功遠超堯舜浹仁愷澤覃被寰區三
月十八日恭逢
聖壽昌期快覩輿情慶祝歡聲雷動都會雲屯京
城內外凡祝
聖龍棚恭諷
萬壽經棚街衢巷陌真如櫛比不可枚舉自馳道
以至

宮城爲
輦路經由之處
龍棚經棚共計五十餘所詠歌擊壤夾道紛陳
燈幄綵幢連宵亙布十七日
聖駕進宮
皇太后鳳輦前行我
皇上鑾輿徐駕
天潢列從
警蹕停傳

特許臣民仰瞻
天表
軫懷黎老遍
賜大酺斯皆曩古未聞惟我
聖朝獨盛者也維時
鹵簿之威儀
尚方之頒賚以及億萬人民之衆歡欣拜舞之
誠計算難窮形容莫罄臣粗諳筆墨豈易描
摹令所繪圖稿僅髣髴其萬一以紀盛事伏

祈
皇上俯賜全覽其中有應行增改之處恭請
聖裁訓誨至圖中各處匾額對聯各體字樣擬派
曹曰瑛照式恭寫爲此合行奏明謹
奏奉
旨萬壽圖畫得甚好無有更改處

萬壽盛典初集卷第四十

萬壽盛典初集卷第四十

旨萬壽圖畫得甚好無有更改處

奏奉

曹曰瑛照式恭寫為此合行奏明謹

聖諭訓海至圖中各處區額對聯各體字樣擬派

皇上俯賜全覽其中有應行增改之處恭請

示

摹今所繪圖稿僅彷彿其萬一以紀盛事伏

誠許算難窮形容莫罄臣祖諸筆墨豈易描

尚方之頒賚以及億萬人民之衆歡欣拜舞之

國禮之成儀

聖朝禮盛者也維時

賜大酺斯乃曩古未聞准此

勅懷黎老遍

天表

特許臣民仰瞻

總督廣東廣西等處地方軍務兼理糧餉兵部右侍郎兼都察院右副都御史臣趙弘燦

總督管理直隸巡撫事務兵部右侍郎兼都察院右副都御史世襲等精奇尼哈番臣趙弘燮

刑部雲南清吏司郎中臣趙之垣謹校刊

景山西門

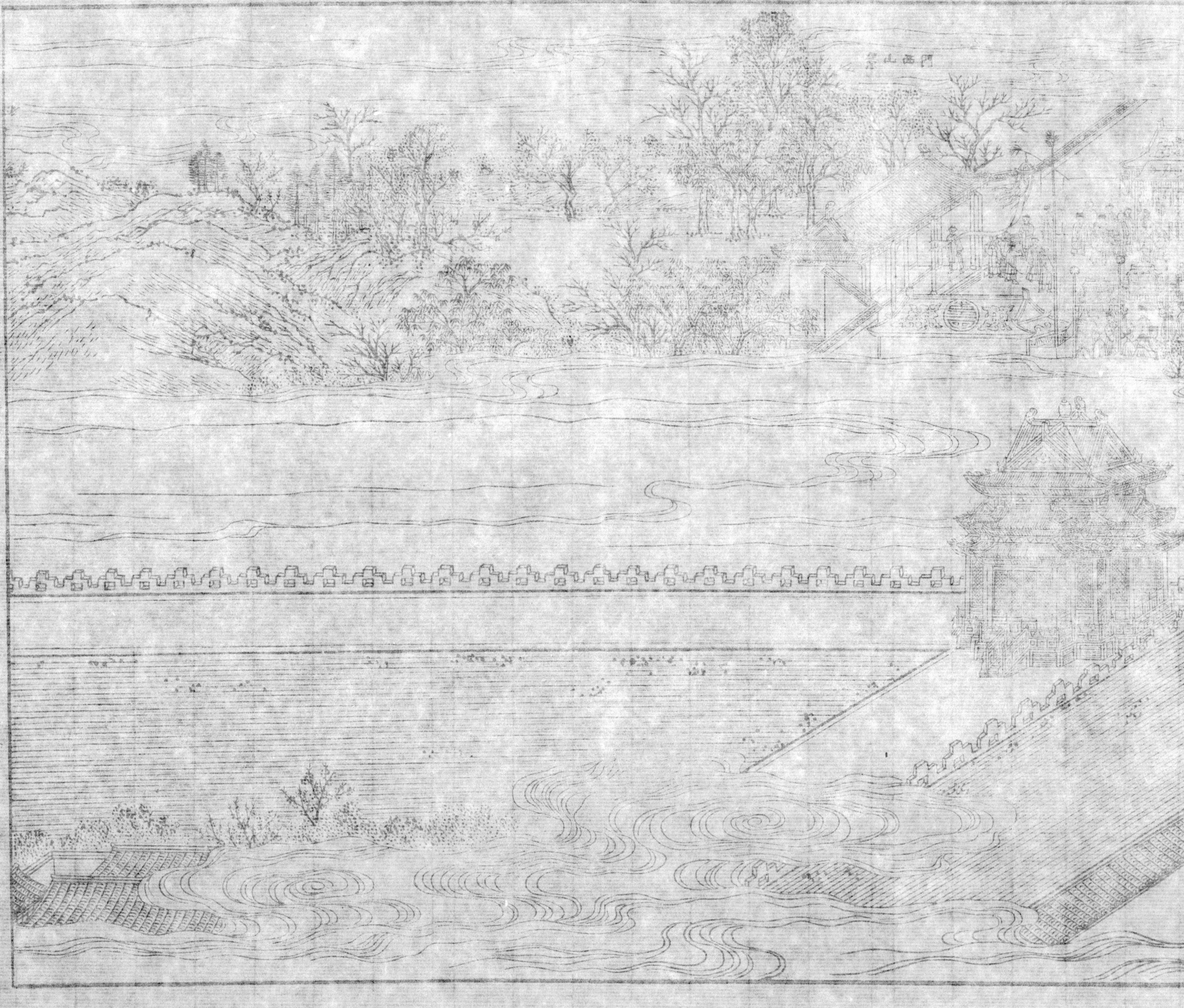
景山西門

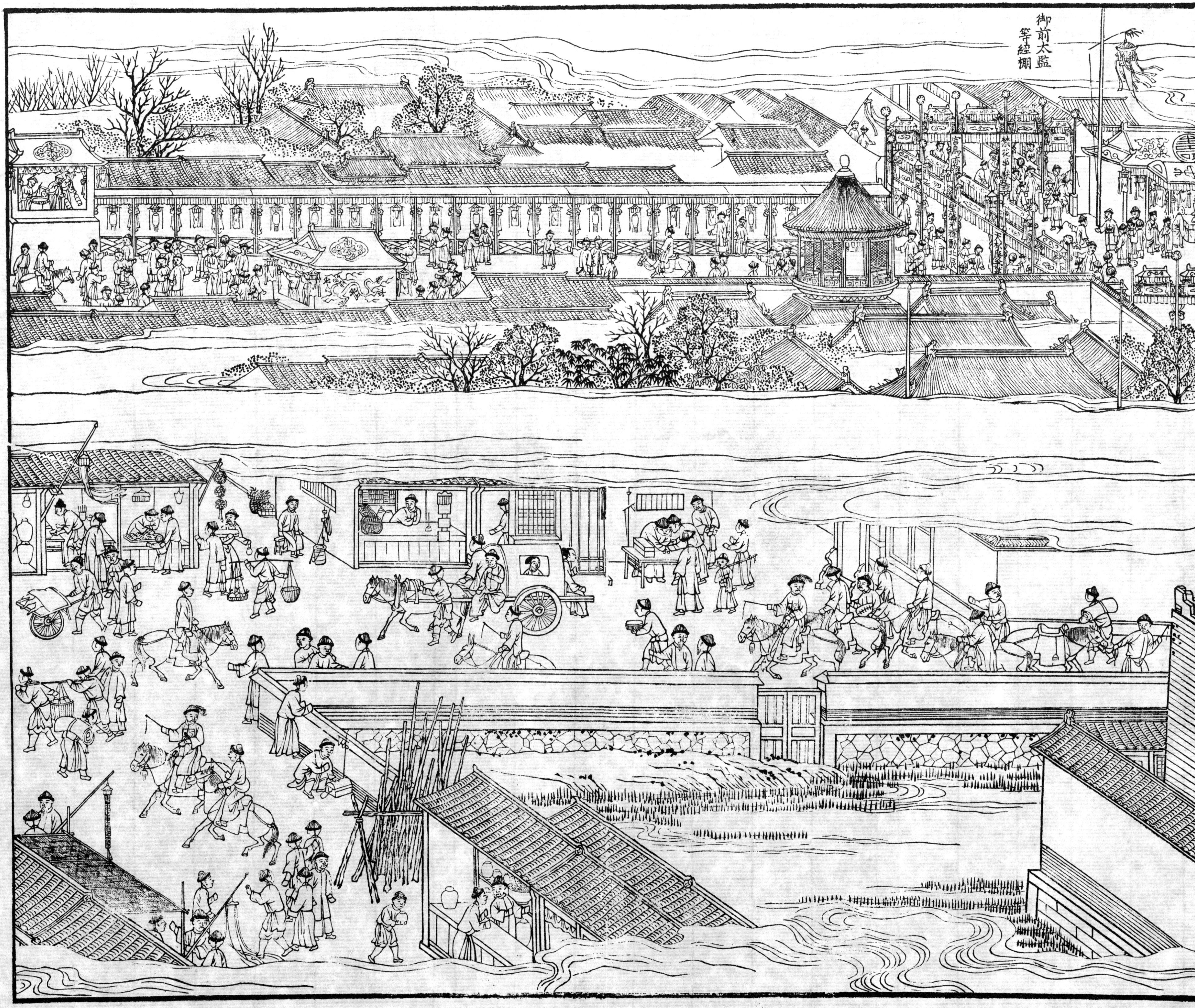
御前太監等經棚
聖澤光輝動北辰
禁花爭獻壽

鑲黃正白二旗包衣護軍參領等戲臺

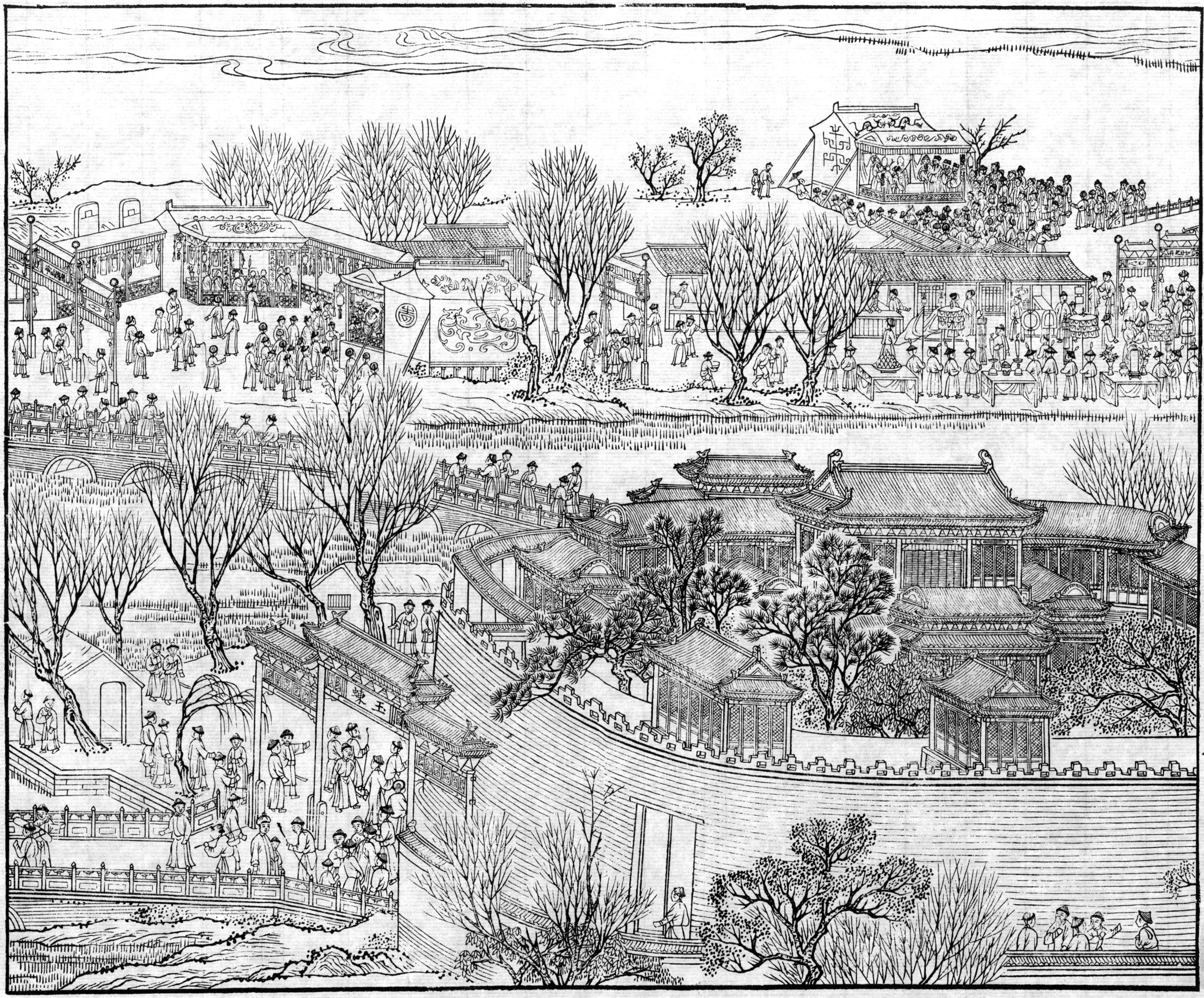
玉蝀

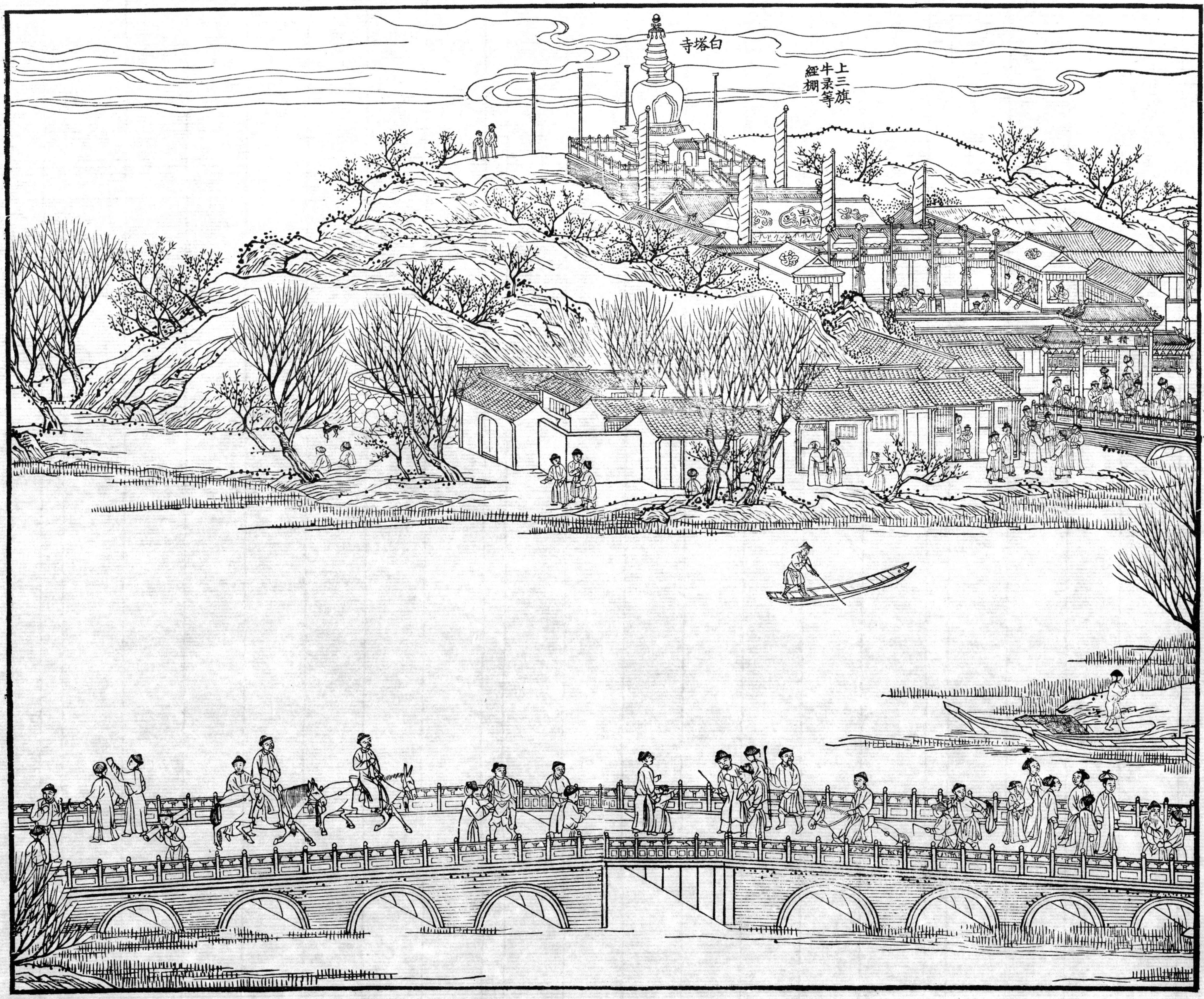
白塔寺
上三旗牛录等經棚

白塔寺

五龍亭

卷四十二

十

二月分製造官員恭設龍棚
萬福攸同
壽與天齊
太平景象
昌期五百咸占交泰之徵
寶曆千年永圖乘乾之運
萬壽無疆

領侍衛內大臣等喇嘛千眾經棚
古北口大糧庄頭戲臺
同登仁壽
長慶昇平
慈雲擁瑞寶花飛仁壽之天
慧日騰輝王氣貢文明之世
萬象海屋長開不老之春
佛種福田惟在好生之主

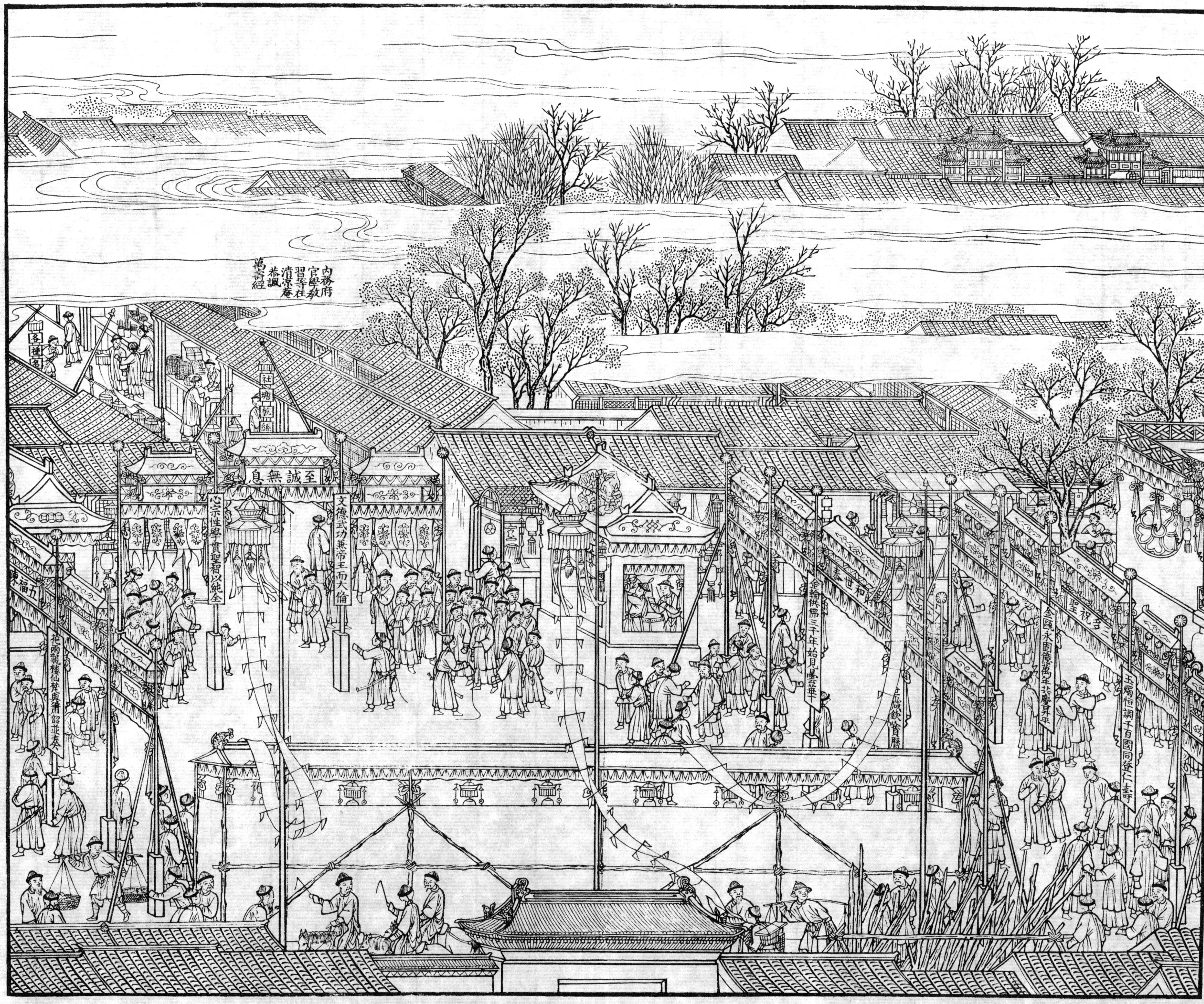
內務府官學教習等在清涼菴恭諷萬壽經
至誠無息
心宗性學貫聖智以純全
文德武功兼帝王而大倫
五福陳
花雨龍樓仙梵與簫韶並奏
時和世泰
金輪拱佛三千年始見優曇華
三多祝聖
金甌永固億萬年共慶昇平
玉燭恒調千百國同登仁壽

卜年兆
玉燭恒調四海樂無為之化
敕賜慈雲寺
菜局
嵩呼萬歲
天長地久仰萬壽之無疆
海晏河清頌一人之有慶
嵩呼鷲嶺迦陵同彩鳳來儀
南北通商

包衣三旗廣儲司買賣撥什庫在三佛菴恭諷萬壽經
琪花春煖笙歌永日敞瑤臺
綺陌風清律呂萬年調玉燭
金輪永鎮萬方瞻有道之光
化日
萬福攸同
景慶煥星雲萬福咸臻盛世
景星慶雲
河山永固萬年咸樂太平時
福祿來同八表共登仁壽域

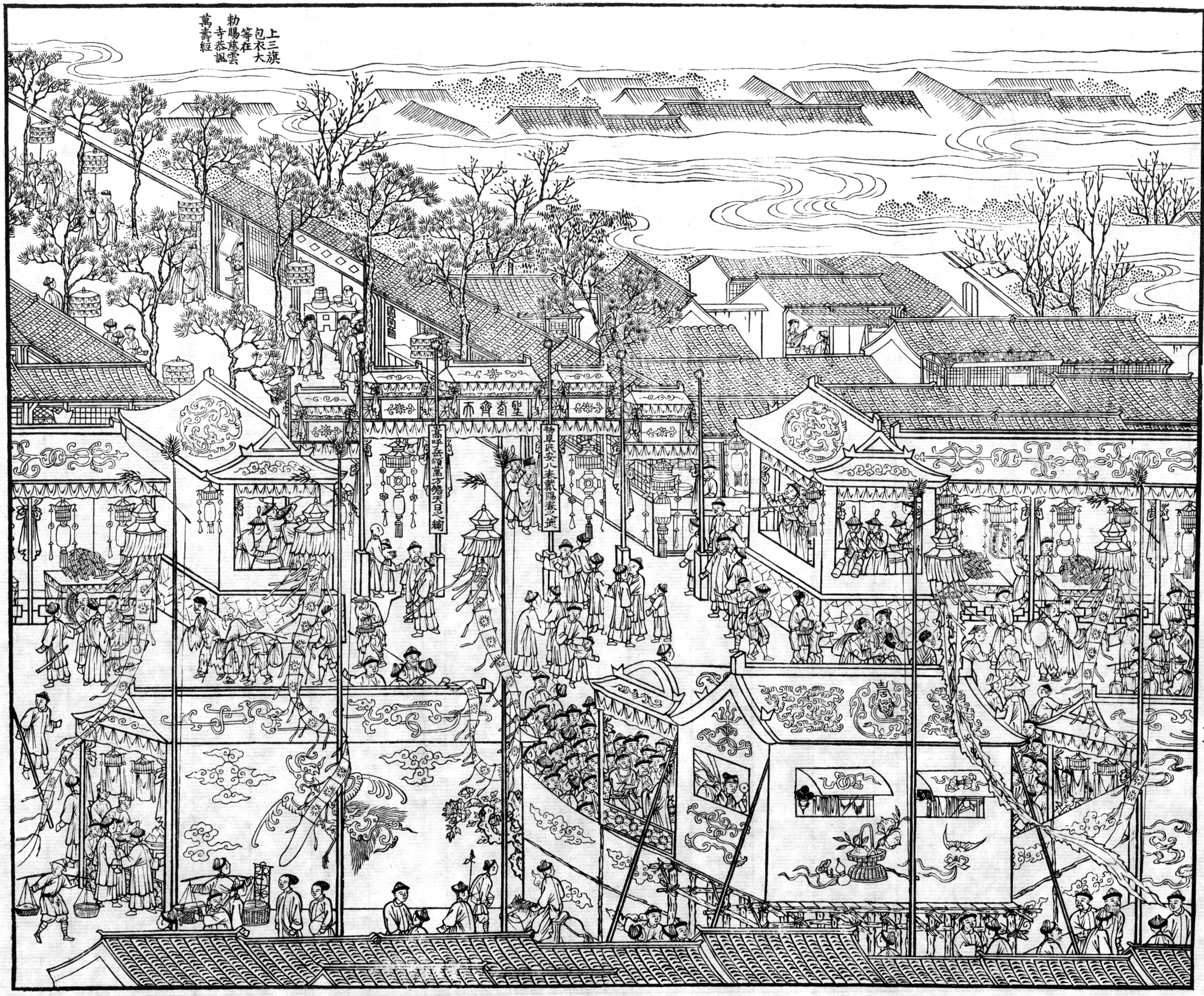
上三旗包衣大等在勅賜慈雲寺恭誦萬壽經
聖壽齊天
嵩呼岳頌萬方瞻天日之輝
物阜民安八表戴陽春之德

西安門
仁德堂南北川廣道地藥材
慶雲
一人有慶
聖誕届三春珠斗明而拂曙

西安門

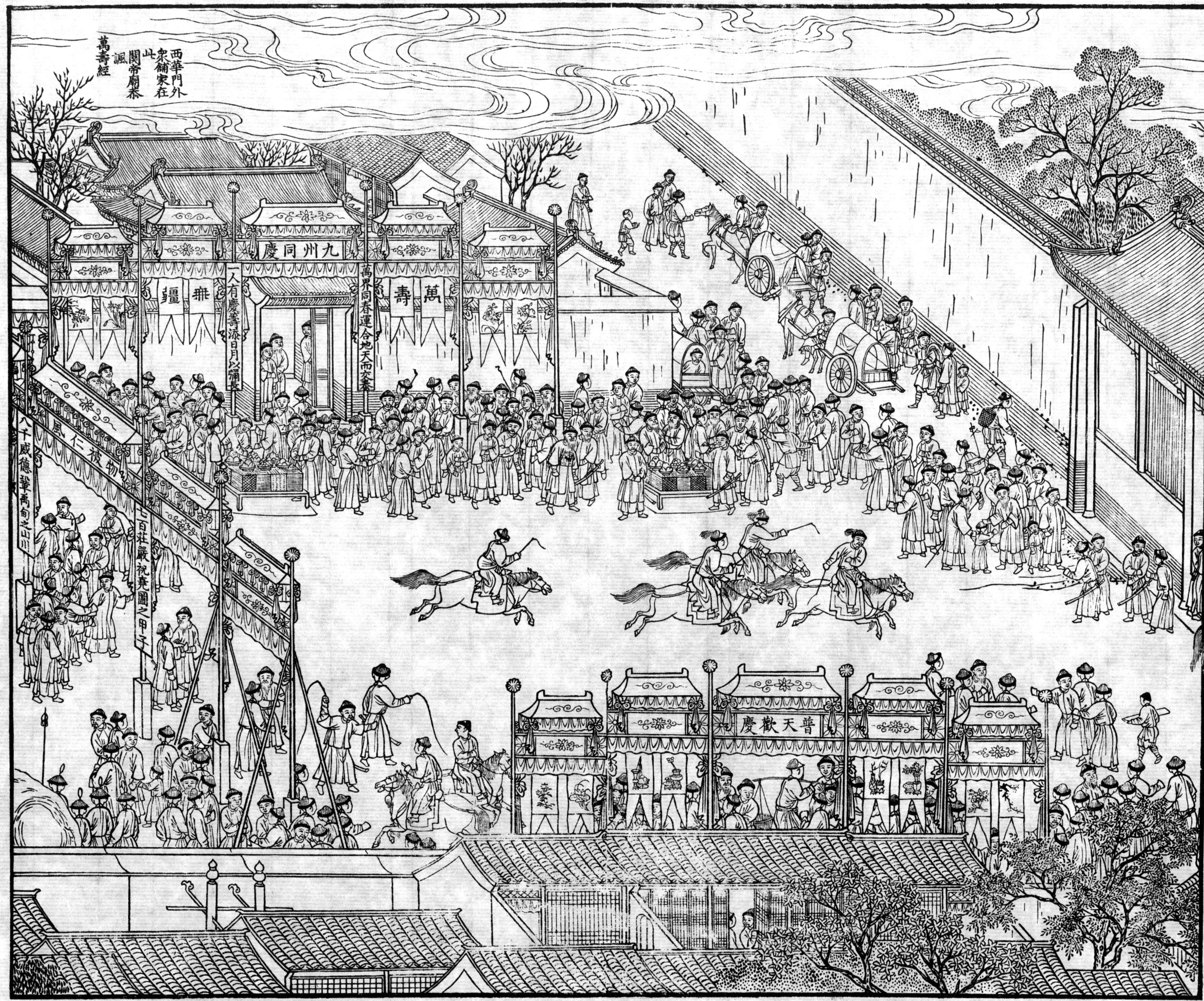
西華門外衆鋪家在此關帝廟恭諷萬壽經
九州同慶
一人有慶壽添日月以彌長
萬界同春運合地天而交泰
萬壽
無疆
風仁被物
八千威德華禹甸之山川
七百莊嚴祝堯圖之甲子
普天歡慶

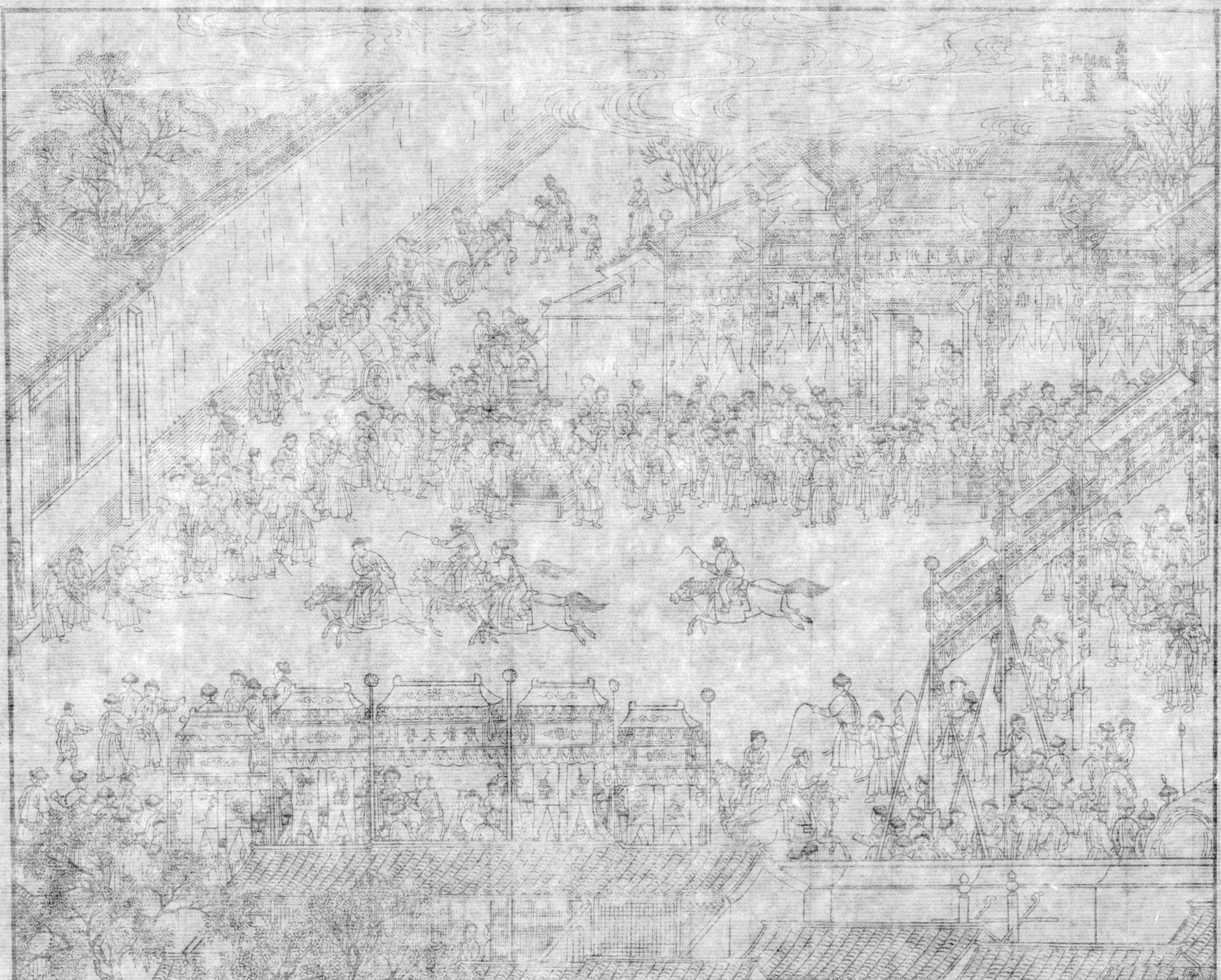

樹德堂
信順號

南北通商
如日之升
聖躬膺五福羣依有道之休光
帝德召千祥允啟無疆之寶曆
恩光普被

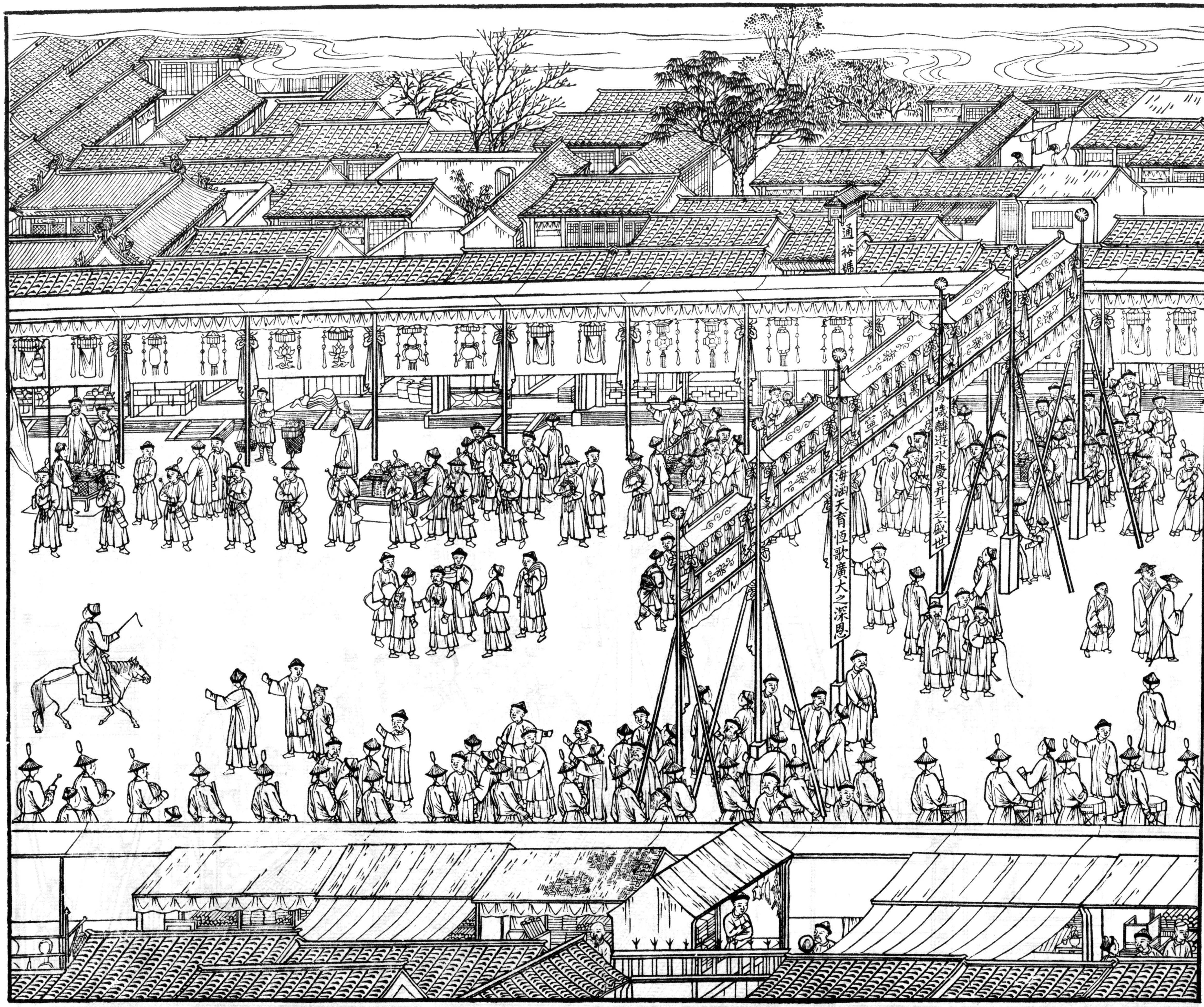
通裕號
萬國咸寧
鳳噦麟遊永慶昇平之盛世
海涵天育恆歌廣大之深恩

花連上苑
天衢耀彩
羲易昭祥於盛世法象內之三才
元會之花甲無涯千徧稱觴春正永
漢之長庚有喜萬方獻瑞壽彌高
莊親王戲臺
瑞圖昭地德歡洽謳歌
寶曆應天長聲聞韶濩

樂應中和
雲開兆率
萬壽無疆
萬壽無疆
海岳同春
廣大弘仁恩澤千尋沾北海

九重開壽域介春酒以萬年
雙闕麗金垣擁慶雲而五色
天地同春
甲子初周五十二年歌有道
山河永固六旬萬壽慶無疆

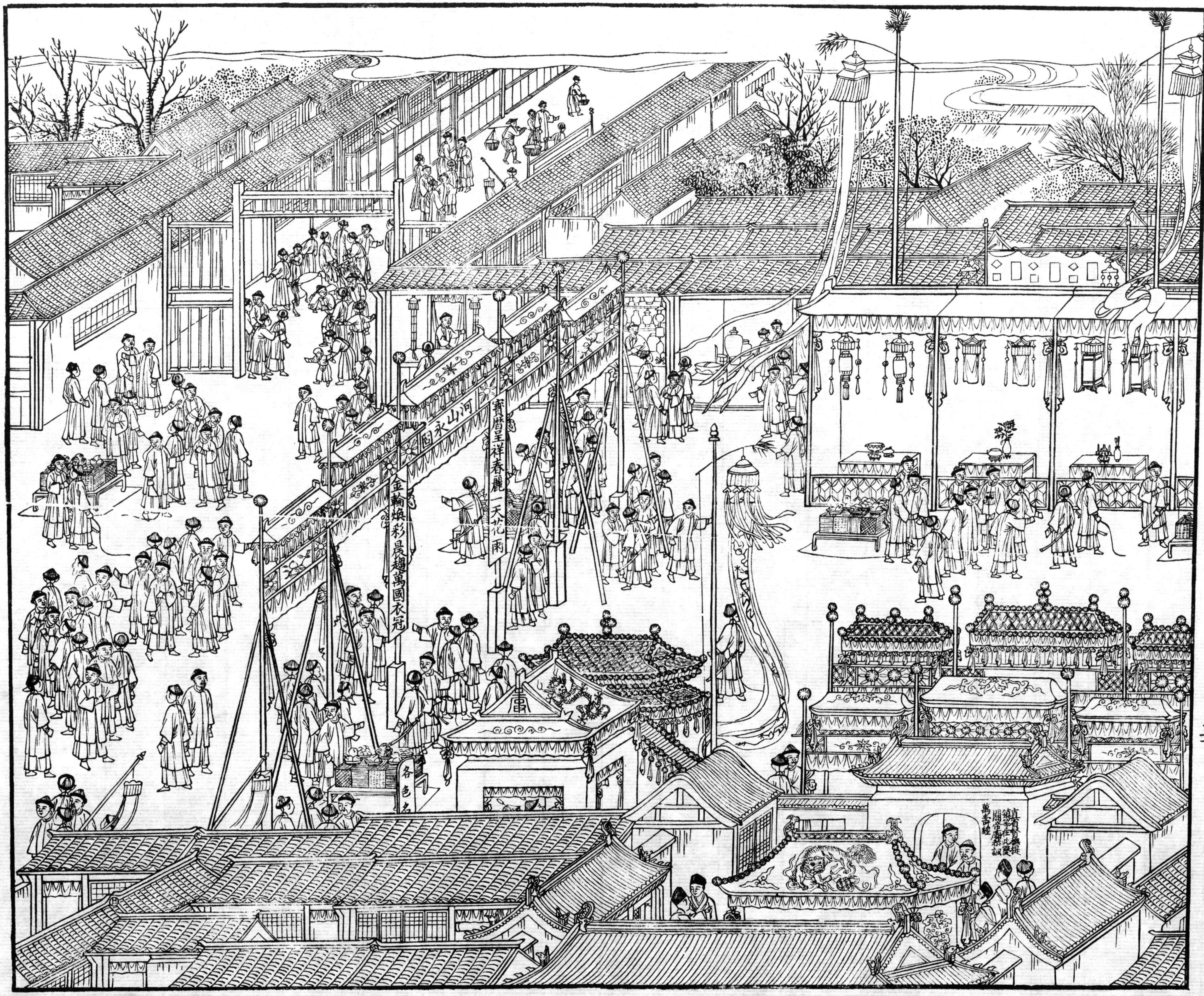

河山永固
寶曆呈祥春麗一天花雨
金輪煥彩晨趨萬國衣冠
真省督撫提鎮等在此雙關帝廟恭誦萬壽經